essentials

Essentials liefern aktuelles Wissen in konzentrierter Form. Die Essenz dessen, worauf es als „State-of-the-Art“ in der gegenwärtigen Fachdiskussion oder in der Praxis ankommt. Essentials informieren schnell, unkompliziert und verständlich

- als Einführung in ein aktuelles Thema aus Ihrem Fachgebiet
- als Einstieg in ein für Sie noch unbekanntes Themenfeld
- als Einblick, um zum Thema mitreden zu können.

Die Bücher in elektronischer und gedruckter Form bringen das Expertenwissen von Springer-Fachautoren kompakt zur Darstellung. Sie sind besonders für die Nutzung als eBook auf Tablet-PCs, eBook-Readern und Smartphones geeignet.

Essentials: Wissensbausteine aus Wirtschaft und Gesellschaft, Medizin, Psychologie und Gesundheitsberufen, Technik und Naturwissenschaften. Von renommierten Autoren der Verlagsmarken Springer Gabler, Springer VS, Springer Medizin, Springer Spektrum, Springer Vieweg und Springer Psychologie.

Alexander Haas • Nina Stübiger

Erfolgreiche Vertriebsführung

Potenziale und Herausforderungen

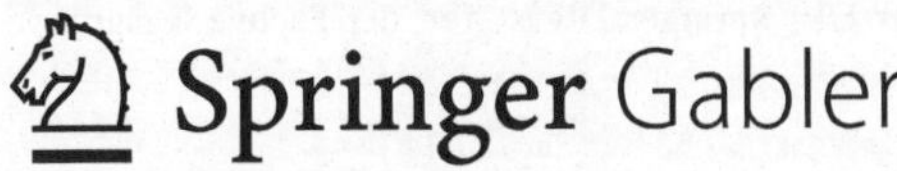

Prof. Dr. Alexander Haas
Justus-Liebig-Universität Gießen
Deutschland

Dipl.-Sozw. Nina Stübiger
Justus-Liebig-Universität Gießen
Deutschland

ISSN 2197-6708
ISBN 978-3-658-06285-9
DOI 10.1007/978-3-658-06286-6

ISSN 2197-6716 (electronic)
ISBN 978-3-658-06286-6 (eBook)

Die Deutsche Nationalbibliothek verzeichnet diese Publikation in der Deutschen Nationalbibliografie; detaillierte bibliografische Daten sind im Internet über http://dnb.d-nb.de abrufbar.

Springer Gabler

Gedruckt auf säurefreiem und chlorfrei gebleichtem Papier

Springer Gabler ist eine Marke von Springer DE. Springer DE ist Teil der Fachverlagsgruppe Springer Science+Business Media
www.springer-gabler.de

Vorwort

Dieses Essential basiert auf einem Beitrag, der im Jahr 2013 unter dem Titel „Potenziale und Herausforderungen erfolgreicher Vertriebsführung" im Herausgeberwerk „Führung von Vertriebsorganisationen" von Lars Binckebanck, Ann-Kristin Hölter und Alexander Tiffert erschienen ist. Die Autoren des Herausgeberwerks liefern eine hervorragende Mischung aus den drei Perspektiven der Forschung, Beratung und Praxis. Inhaltlich punktet das Buch deshalb insbesondere durch sowohl strategische und koordinationsbezogene Aspekte der Vertriebsführung als auch operative Anleitungen. Es richtet sich damit sowohl an Führungskräfte in Marketing und Vertrieb als auch an Dozenten und Studierende in einem, zumindest aus Sicht der universitären Lehre, eher vernachlässigten Gebiet. Das vorliegende Kapitel über Potenziale und Herausforderungen effektiver Verkaufsführung wurde um weitere erfolgskritische Bereiche ergänzt. Auf Basis aktueller Studienergebnisse wird nun neben den drei Erfolgsfaktoren Managementkompetenzen, Vertriebsprozesse und Führungsstil detailliert auch auf die Unterstützung von Innovationen, Effektive Verkäufer, Erfolgsfaktoren der Führung, Markenorientierte Verkäuferführung und Kundenloyalität eingegangen. Großer Wert wird dabei auch auf die Visualisierung der aktuellen Studienergebnisse gelegt. Wir hoffen, dass wir Ihnen dadurch Impulse aus aktueller wissenschaftlicher Sicht geben und Sie dabei unterstützen können, die Thematik der Vertriebsführung in ihrer Breite zu erschließen. Bei Diskussionswünschen stehen wir Ihnen gerne zur Verfügung (Kontakt: marketing@wirtschaft.uni-giessen.de).

Prof. Dr. Alexander Haas und Nina Stübiger

Inhaltsverzeichnis

Bedeutung effektiver Vertriebsführung 1

Effektive Vertriebsführung ist ein starker Treiber des Unternehmenserfolgs. Auf der Ergebnisseite bestimmen die Entscheidungen der Führungskräfte maßgeblich darüber, ob die Vertriebsmannschaft erfolgreich als „Speerspitze des Marketing" agiert, indem sie neuen und vorhandenen Kunden die Produkte und Dienstleistungen des Unternehmens profitabel verkauft. Auf der Kostenseite handelt es sich bei den Vertriebsbudgets regelmäßig um mit die größten Budgets in Unternehmen. Denn die Vertriebsorganisationen industrieller Unternehmen und Dienstleister umfassen nicht selten mehrere hundert, ja tausend Mitarbeiter. Entsprechend müssen die Führungskräfte im Vertrieb permanent versuchen, Effizienzsteigerungen zu erzielen. Angesichts der Größe der Vertriebsorganisationen können dabei schon kleine prozentuale Veränderungen große Kosten- bzw. Umsatzeffekte bewirken. 5 % Einsparung bei einer 300-köpfigen Vertriebsmannschaft entsprechen immerhin bereits 15 Mitarbeitern (vgl. Diller et al. 2005).

Trotz ihrer Relevanz für effektives Vertriebsmanagement weist die Führungsqualität in Unternehmen erhebliche Schwächen auf. In einer Studie wurden unlängst über 12.000 Manager zur Führungsqualität im eigenen Unternehmen befragt. Nur gerade ein Drittel dieser Manager wertete die Qualität der Führung als gut oder sogar sehr gut (vgl. Abb. 1.1).

Für den Vertriebsbereich bedeutet dieses Ergebnis, dass fast 70 % der Manager dort zum Teil deutlichen Verbesserungsbedarf im Bereich der Führung sehen. Angesichts der traditionell im Vertrieb sehr intensiven Schulungsmaßnahmen könnte man bei einem solchen Ergebnis meinen, dass das Problem sprichwörtlich erkannt und somit demnächst gebannt sein sollte. Dies scheint aber nicht zuzutreffen. Denn in derselben Studie befanden erneut nur etwas mehr als ein Drittel der Manager die dortigen Entwicklungsmaßnahmen als von hoher Qualität, während etwa sechs von zehn Manager nicht mit den unternehmensseitig ergriffenen Entwicklungsmaßnahmen zufrieden waren. Insofern ist in vielen Unternehmen nicht nur die

A. Haas, N. Stübiger, *Erfolgreiche Vertriebsführung,* essentials,
DOI 10.1007/978-3-658-06286-6_1

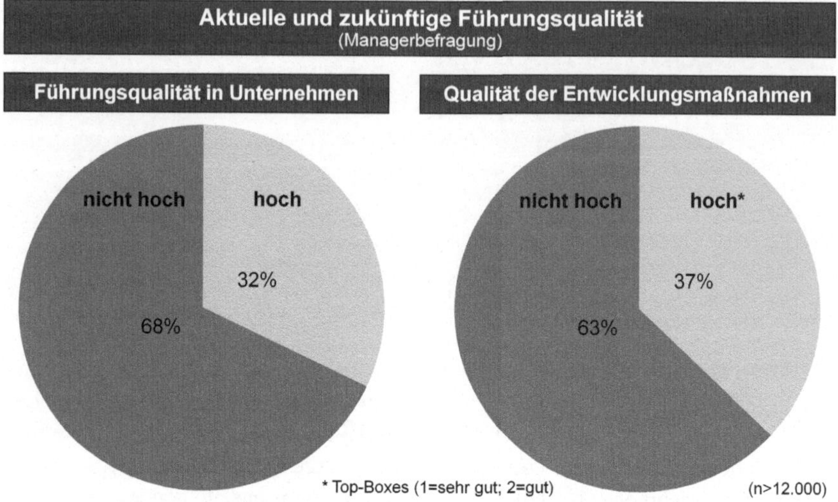

Abb. 1.1 Aktuelle und zukünftige Führungsqualität in Unternehmen. (Quelle: DDI (2011))

Führungspraxis im Vertrieb deutlich von einem guten Niveau entfernt, sondern es besteht auch nur eine geringe Aussicht auf eine kurzfristige Besserung.

Acht Erfolgsfaktoren der Vertriebsführung

2

Wie können Unternehmen die Führung ihres Vertriebs verbessern? Und welche Aspekte sind für eine effektive Vertriebsführung erfolgskritisch? Diesen Fragen wird im Folgenden auf Basis aktueller Studien nachgegangen. Dabei werden acht Bereiche thematisiert, deren Kenntnis für das erfolgreiche Vertriebsmanagement von besonderer Bedeutung ist (vgl. Abb. 2.1).

Erstens benötigt effektive Vertriebsführung die richtigen Managementkompetenzen im Hinblick auf die zentralen Aufgabengebiete der Vertriebsführung. Zweitens stellt sich die Frage, wie der Vertrieb – als „Brücke" zwischen Kunden und dem eigenen Unternehmen – die Entwicklung erfolgreicher Innovationen unterstützen kann. Drittens können die Vertriebsprozesse selbst mehr oder weniger effektiv ablaufen. Viertens können Vertriebsmanager geeignete Maßnahmen zur Verbesserung von Verkaufsgesprächen durchführen. Fünftens müssen Führungskräfte im Vertrieb wissen, von welchen Erfolgsfaktoren es abhängt, ob ihre Führungsmaßnahmen zu den gewünschten Ergebnissen führen. Dabei kann sechstens der richtige Führungsstil seitens der Manager für Spitzenleistungen im Vertrieb sorgen. Siebtens gilt es, durch geeignete Maßnahmen eine Sichtweise der Vertriebsmitarbeiter als Markenbotschafter zu etablieren. Schließlich kann der Vertrieb durch den direkten Kundenkontakt in besonderer Weise zum Aufbau von Kundenloyalität beitragen. Wer diese acht Erfolgsfaktoren versteht, kann nicht nur die damit verbundenen Herausforderungen meistern, sondern auch hohe, häufig brach liegende Potenziale des Vertriebs erschließen – und so die Wettbewerber dauerhaft auf die Plätze verweisen.

A. Haas, N. Stübiger, *Erfolgreiche Vertriebsführung,* essentials,
DOI 10.1007/978-3-658-06286-6_2

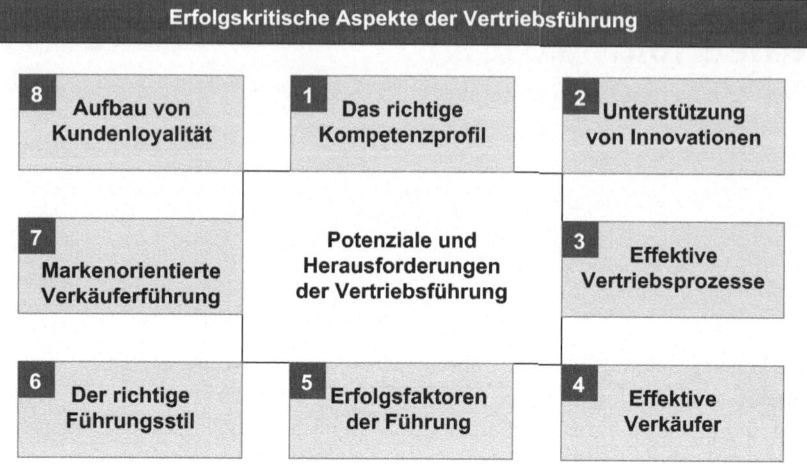

Abb. 2.1 Acht erfolgskritische Aspekte der Vertriebsführung.

2.1 Das richtige Kompetenzprofil

Dass die richtigen Managementkompetenzen für einen produktiven Vertrieb sorgen können, ist wohl für keinen Manager wirklich überraschend. Schwieriger ist dann schon die Frage, welches „die richtigen“ Kompetenzen sind. Die Antwort auf diese Frage muss an den Aufgabengebieten des Vertriebs anknüpfen. Denn Kompetenzen sind erst dann „richtig“, wenn sie die erfolgskritischen Vertriebsaufgaben zu meistern helfen.

Was also sind die zentralen Aufgabengebiete des Vertriebs? Die Antwort lässt sich knapp halten: Innovation, Kundenorientierung und Vertriebsprozess. Die überragende Bedeutung dieser Aufgabenbereiche wird in Unternehmen regelmäßig geäußert und ist auch in zwei jüngeren Studien deutlich zu erkennen (vgl. Abb. 2.2).

Aus diesen Studien geht hervor, dass für Manager Innovation und Kundenorientierung die beiden mit Abstand wichtigsten Instrumente für das im Vertrieb besonders bedeutsame Wachstumsziel sind. Darüber hinaus streben Vertriebsmanager aktuell insbesondere eine Verbesserung des Vertriebsprozesses an. Der starke Managementfokus auf den Vertriebsprozess wird dadurch offensichtlich, dass außer dem Wachstumsziel ausschließlich Ziele mit Bezug zum Vertriebsprozess ganz oben in der Prioritätenliste der Vertriebsmanager rangieren. Demnach soll externe und interne Vertriebsexzellenz über eine hohe Umsetzungsgeschwindigkeit und zu immer niedrigeren Kosten sichergestellt werden.

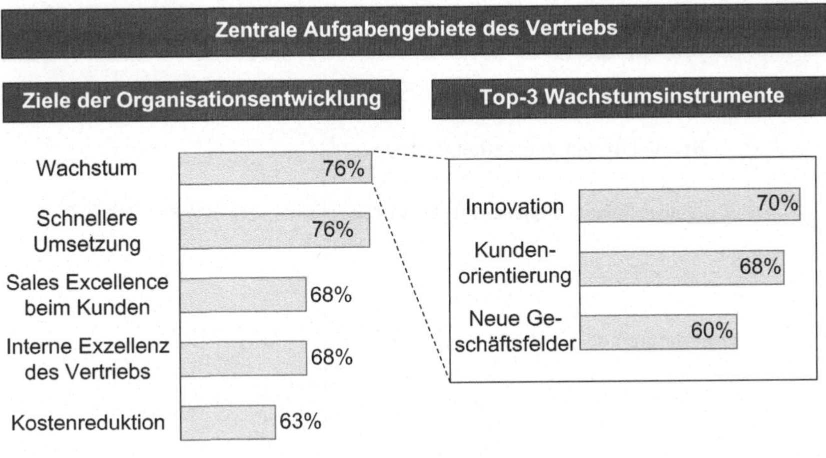

Abb. 2.2 Zentrale Aufgabengebiete des Vertriebs. (Quelle: Droege & Comp., Handelsblatt Business Monitor (2010), Markenverband und Roland Berger (2010))

Die hohe Platzierung der drei Aufgabenbereiche Innovation, Kundenorientierung und Vertriebsprozess lässt die Grundlogik effektiver Vertriebsführung sichtbar werden. Denn ohne das Meistern dieser Aufgaben kann der Vertrieb seine eigentliche Aufgabe, das Verkaufen, nicht auf Dauer erfolgreich bewerkstelligen: Ohne Innovationen fehlen die Produkte, Dienstleistungen oder einfach nur Ideen, die den Kunden in besonderer Weise beim Lösen ihrer Probleme helfen, ihnen dadurch Wettbewerbsvorteile verschaffen und so den Kunden überzeugende Gründe für ihre Kaufentscheidung liefern. Fehlt es an der Kundenorientierung, besteht die Gefahr, dass der Vertrieb die Kundenprobleme nicht hinreichend versteht und als Folge erfolgsträchtige Gelegenheiten – von interessanten Verkaufsabschlüssen bis hin zur Entwicklung neuer Geschäftsfelder – ungenutzt verstreichen lässt. Und falls die Vertriebsprozesse nicht reibungslos ablaufen, können lange Dauer, geringe Flexibilität und hohe Kosten selbst ansonsten überzeugte Kunden zur Konkurrenz treiben.

Betrachtet man vor dem Hintergrund dieser erfolgskritischen Aufgaben die Kompetenzen der Manager, kommt man zu dem Ergebnis, dass zahlreiche Vertriebsmanager heutzutage ein ungenügendes Kompetenzprofil für Führungsaufgaben im Vertrieb besitzen. Abbildung 2.3 stellt dar, worin Manager ihrer eigenen Meinung nach die größten Schwächen aufweisen.

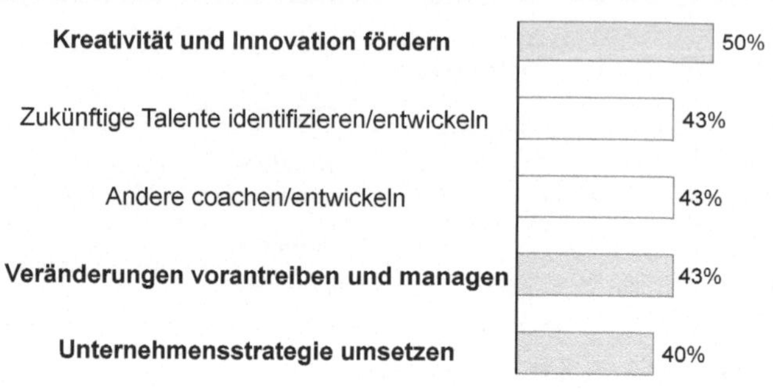

Abb. 2.3 Worin Führungskräfte schwach sind. (Quelle: DDI (2011))

Als größte Schwachstelle zeigt sich das Fördern von Kreativität und Innovation – also ausgerechnet der Bereich, der von übergeordneter Bedeutung für das Wachstum der Unternehmen ist. Sage und schreibe jeder zweite Manager sieht hier deutliches eigenes Entwicklungspotenzial. Aber auch beim Management der Vertriebsprozesse weisen Manager erhebliche Defizite auf. Denn Schwächen beim Vorantreiben und Managen von Veränderungen führen unweigerlich zu Schwierigkeiten, wenn unternehmenseigene Strukturen und Prozesse an Kundenbedürfnisse angepasst oder marktorientierter gestaltet werden müssten. Dabei ist gerade der Vertrieb im Kontakt mit den Kunden und angesichts des dynamischen Umfelds mehr und mehr darauf angewiesen, innovative Lösungen für Kundenprobleme zu entdecken und in Zusammenarbeit mit internen und externen Partnern umzusetzen. Und für das erfolgreiche Finden und Verkaufen solcher Lösungen wird Veränderung im Sinne einer auch kurzfristigen Einführung von für das eigene Unternehmen innovativen Strukturen und Prozessen zusehends zur Norm. Dies zeigen nicht zuletzt die Unternehmen sehr deutlich, die ihr Produktangebot mit Dienstleistungen ergänzen oder sich vom Produktanbieter zum Lösungsanbieter wandeln (vgl. Ulaga und Reinartz 2011).

Auch bei den Kompetenzen zur Bearbeitung von (internationalen) Kunden gibt es erheblichen Verbesserungsbedarf. Eine Studie zum Kernkompetenz-Profil von Vertriebsführungskräften der ersten und zweiten Ebene kommt zu dem Ergebnis, dass Kundenfokus die am stärksten ausgeprägte Kompetenz ist (vgl. Abb. 2.4).

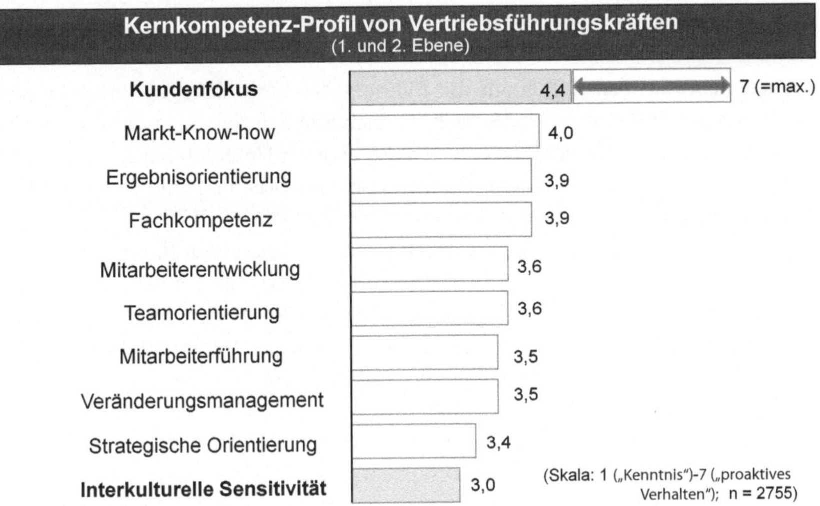

Abb. 2.4 Kompetenzprofil von Führungskräften im Vertrieb. (Quelle: Egon Zehnder International (2005))

Dieses Ergebnis verwundert nicht sonderlich. Was allerdings verwundert, ist die Tatsache, dass es selbst diese Kompetenz nur auf einen Wert von 4,4 schafft – bei einem Maximalwert von 7. Somit ist der Kundenfokus bei den Führungskräften im Vertrieb häufig nur Mittelmaß und insgesamt deutlich von einem proaktiven Ansatz entfernt. Dies gilt insbesondere für die Zusammenarbeit mit internationalen Kunden. Denn interkulturelle Sensitivität landet in der besagten Studie auf dem Schlussplatz der Kompetenzliste. Damit geht das Risiko einher, dass Aufträge nicht am Leistungsangebot scheitern, sondern auf der zwischenmenschlichen Ebene. Angesichts der häufig großen Umsatzbedeutung von Auslandsmärkten und der rasch fortschreitenden Internationalisierung vieler Märkte ist der Handlungsbedarf offensichtlich.

Insgesamt haben Unternehmen trotz vielfacher Bemühungen in der Vergangenheit weiterhin die Möglichkeit, das Kompetenzprofil ihrer Vertriebsmanager zu verbessern. Rekrutierung und Entwicklung von Führungskräften in den Kompetenzfeldern Innovationsmanagement, Kundenorientierung und Prozessmanagement erscheinen dabei besonders viel versprechend. Während sich leistungsstarke Produkte „von alleine" verkaufen und es insofern schwierig machen, vorhandene Kompetenzschwächen im Vertrieb zu erkennen, schlummert dort ein großes Potenzial. Dieses gilt es zu heben.

2.2 Unterstützung von Innovationen

Richtet man nun den Fokus auf die Führung der Vertriebsorganisation an sich, stellt sich die Frage, wie der Vertrieb, je nach strategischer Ausrichtung und den damit verbundenen Unternehmenszielen des eigenen Unternehmens, die Innnovationskraft unterstützen und damit Kundenprobleme lösen und zum Unternehmenserfolg beitragen kann.

Durch interne Kooperationen kann der Vertrieb direkt zum finanziellen Erfolg von innovativen Neuprodukten beitragen. Eine Studie zum Einfluss interner Kooperationen des Vertriebs auf die Profitabilität von Neuprodukten kommt zu dem Ergebnis, dass der Vertrieb speziell in frühen Phasen von Neuproduktprojekten mit anderen internen Abteilungen kooperieren sollte – und zwar insbesondere mit der Forschung und Entwicklung (vgl. Abb. 2.5).

Dieses Ergebnis verdeutlicht nicht nur, dass interne Kooperationen des Vertriebs die Profitabilität eines Neuproduktentwicklungsprojekts erhöhen. Es zeigt auch, wie sehr Unternehmen darauf angewiesen sind, dass der Vertrieb im Kontakt mit den Kunden identifizierte innovative Lösungen für Probleme des Kunden gemeinsam mit internen Partnern umsetzt. Vor allem in der Zusammenarbeit mit Forschung und Entwicklung agiert der Vertrieb als Repräsentant des Kunden und kennt dessen Problemstellung, sodass für den Innovationserfolg, insbesondere in

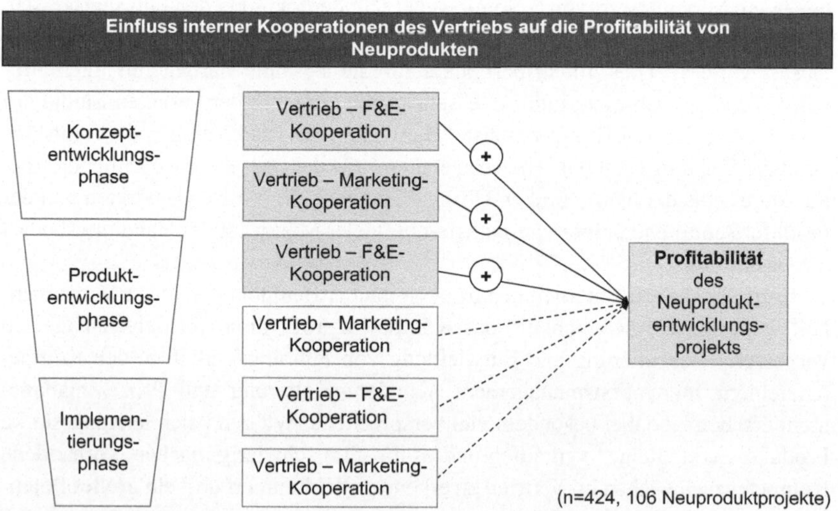

Abb. 2.5 Einfluss interner Kooperationen des Vertriebs auf die Profitabilität. (Quelle: Ernst et al. (2010))

der Konzept- und Produktentwicklungsphase, der Input des Vertriebs von hoher Bedeutung ist. Findet eine interne Zusammenarbeit nicht statt, fehlt der Forschungs- und Entwicklungsabteilung die kundenspezifische Innensicht des Vertriebs, was letztlich dazu führen kann, dass Kundenprobleme nicht hinreichend verstanden und Möglichkeiten nicht rechtzeitig erkannt werden. Zudem verpasst die Forschungs- und Entwicklungsabteilung möglicherweise die Gelegenheit, durch den Vertrieb indirektes Kundenfeedback zu intern entwickelten Produktideen zu erhalten. Schlimmstenfalls kann dies bedeuten, dass Produkte an den Bedürfnissen der Kunden „vorbei" entwickelt werden. Die Konsequenz ist dann, dass Produkte, das Problem eines Kunden nicht lösen und letztlich getätigte Investitionen nicht zu den erwarteten Ergebnissen führen.

Aus strategischer Sicht bedeutet dies, dass für Unternehmen, die nach höheren finanziellen Gewinnen aus ihren Neuproduktentwicklungen streben, eine enge Zusammenarbeit zwischen Vertrieb und Forschung und Entwicklung unabdingbar ist. Effektive Vertriebsführung fördert deshalb insbesondere in den frühen Phasen von Neuproduktentwicklungsprojekten eine Zusammenarbeit, da diese maßgeblich zum finanziellen Erfolg von Neuprodukten beiträgt.

Legt man andere Kennzahlen, wie den Marktanteil von Neuprodukten zugrunde, wird auch hier die Bedeutung interner Kooperationen für den Neuprodukterfolg offensichtlich – allerdings wird bei Marktanteilszielen die Kooperation des Vertriebs mit dem Marketing wichtiger (vgl. Abb. 2.6).

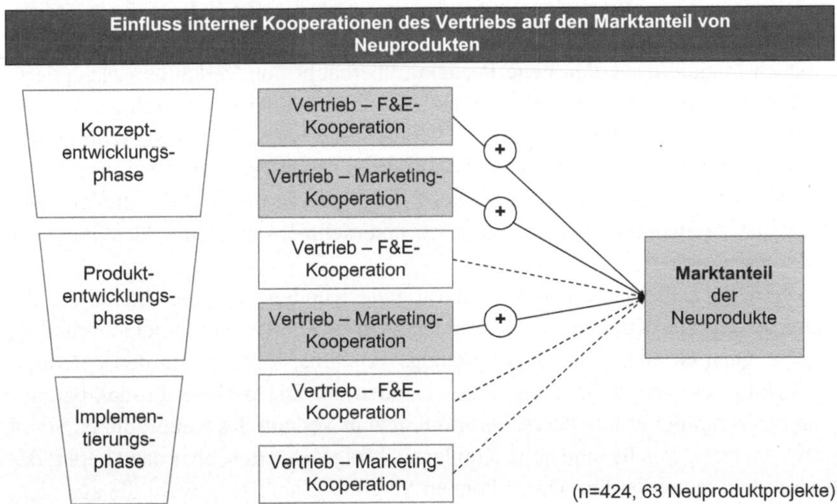

Abb. 2.6 Einfluss interner Kooperationen des Vertriebs auf den Marktanteil. (Quelle: Ernst et al. (2010))

Die Konzeptentwicklungsphase erfordert eine Kooperation zwischen Vertrieb und Marketing, um Ideen für Neuprodukte zu generieren, die sowohl an Kundenbedürfnissen ausgerichtet sind als auch Marktpotential haben. In der Produktentwicklungsphase ist eine Abstimmung zwischen dem Vertrieb und Marketing in Richtung Marktanalysen sowie Planung und Vorbereitung der Produkteinführung erforderlich. Demnach stellt das Marketing strategische Marktinformationen zur Verfügung, während der Vertrieb über kundenspezifisches Marktwissen verfügt. Da das Marketing eher auf das Produkt fokussiert ist, während der Vertrieb sich eher auf den Kunden konzentriert, stellen beide Abteilungen komplementäre Informationen zur Verfügung. In der internen Kooperation werden dadurch einerseits Nischenlösungen verhindert und andererseits die Attraktivität für die anvisierten Marktsegmente sichergestellt.

Überraschend ist das Ergebnis der Studie, dass in der Implementierungsphase die Zusammenarbeit zwischen Vertrieb und Marketing weder einen Einfluss auf die Profitabilität von Neuproduktprojekten noch auf den Marktanteil der Neuprodukte hat. Während der Realisierung der Produkteinführung scheint die Zusammenarbeit zwischen der Vertriebsorganisation und der Marketingabteilung aus Profitabilitäts- oder Marktanteilsüberlegungen damit nicht erforderlich.

Dieses Ergebnis verdeutlich, dass die Vertriebsführung bereits in den frühen Phasen von Neuproduktentwicklungsprojekten die interne Kooperation zwischen Vertrieb und Marketing fördern sollte, sonst kann es dazu kommen, dass Produkte entwickelt werden, die nicht im Einklang mit den Marktgegebenheiten bzw. den strategischen Marketingzielen sind, oder im ungünstigsten Fall gar kein Marktpotenzial haben.

Doch inwiefern werden neue Produkte überhaupt von Verkäufern akzeptiert? Wird alles was ein Unternehmen produziert von Verkäufern bereitwillig verkauft? Abbildung 2.7 zeigt, dass die von den Verkäufern erwartete Kundennachfrage die verkäuferseitige Bereitschaft zum Verkauf eines neuen Produkts bestimmt. Demnach ist es bei der Neueinführung eines Produkts nicht nur wichtig, die Kundenakzeptanz zu evaluieren, sondern ebenso unternehmensintern die Akzeptanz der Verkäufer zu schaffen.

Verkäufer schließen auf die zu erwartende Kundennachfrage, indem sie die Neuprodukte aus Kundensicht beurteilen. Auf Basis der Produkteigenschaften, wie der Qualität oder dem Preis-Leistungsverhältnis, schätzen sie den potentiellen Erfolg des Neuprodukts bei Ihren Kunden ab. Die positive Produktbeurteilung der Verkäufer erhöht deren Bereitschaft zum Verkauf des Neuprodukts. Somit sind Verkäufer, welche eine hohe Kundennachfrage erwarten, eher dazu bereit, das Neuprodukt zu verkaufen. Dabei können Vergütungsanreize sowohl die aus Sicht der Verkäufer zu erwartende Kundennachfrage als auch deren Neuproduktakzeptanz steigern.

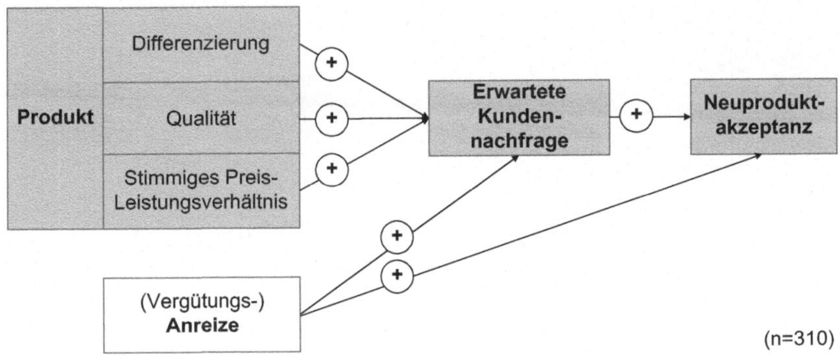

Abb. 2.7 Produktbeurteilungen des Kunden beeinflussen die Neuproduktakzeptanz von Verkäufern. (Quelle: Wieseke et al. (2008))

Effektive Vertriebsführung sollte demnach insbesondere dort Vergütungsanreize setzen, wo Produkte in der Einführungsphase nicht unmittelbar erfolgreich sind, aber wo das Management langfristig finanzielle Erfolge erwartet. Derartige Anreize führen dazu, dass ein neues Produkt von Verkäufern schneller akzeptiert wird und somit den Kunden früher angeboten wird – mit positiven Effekten auf die Erlösgenerierung und den Return on Investment.

Im Vergleich zu den Verkäufern resultiert die Neuproduktakzeptanz der Vertriebsmanager aus dem Markenauftritt und dem Image des Neuprodukts. Dabei beurteilen Vertriebsmanager Neuprodukte anhand des Markenauftritts (d. h. der Qualität der Werbung und der Stimmigkeit des Preis-Leistungsverhältnisses) und des Produktimages und schließen dadurch auf die aus ihrer Sicht zu erwartende Kundennachfrage (vgl. Abb. 2.8). Demnach führt eine positive Beurteilung der erwarteten Kundennachfrage von Seiten der Vertriebsführung dazu, dass Neuprodukte eher akzeptiert werden. Dadurch sind sie eher dazu bereit, den Verkauf des Neuprodukts gegenüber Ihrer Verkaufsmannschaft zu vertreten.

Im Weiteren wird die Neuproduktakzeptanz der Vertriebsmanager positiv durch geeignete Vergütungsanreize beeinflusst. Vor allem wenn Vertriebsleiter einen starken Wettbewerbsdruck wahrnehmen, sind sie dazu bereit, Produktinnovationen eine Chance zu geben, um sich so von Konkurrenzangeboten differenzieren zu können.

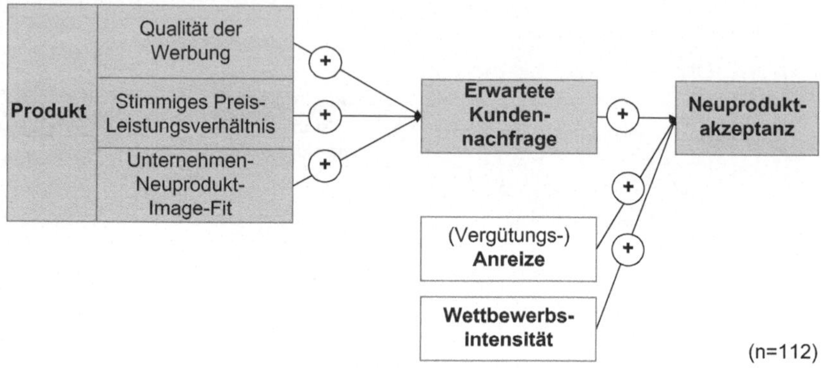

Abb. 2.8 Markenauftritt und Image beeinflussen die Neuproduktakzeptanz von Vertriebsmanagern. (Quelle: Wieseke et al. (2008))

Indem Vertriebsmanager ihre Wertschätzung für das Neuprodukt gegenüber ihrer Vertriebsmannschaft demonstrieren, können sie die Bereitschaft ihrer Verkäufer zum Verkauf des Neuprodukts erhöhen. Abbildung 2.9 veranschaulicht den Managereinfluss auf die Neuproduktakzeptanz von Verkäufern.

Verkäufer nehmen wahr, wie ihre Führungskraft neue Produkte beurteilt und lassen sich von deren Urteil leiten. Wie man sieht, ist dieser Einfluss bei Verkäufern mit niedriger Nachfrageerwartung deutlich höher (vgl. Abb. 2.9, rechte Spalte) als bei Verkäufern mit hoher Nachfrageerwartung. Insofern können Vertriebsmanager insbesondere solche Verkäufer zum Verkauf eines neuen Produkts anregen, welche die Kundennachfrage eher pessimistisch einschätzten. Da gerade diese Verkäufer unsicher bezüglich des tatsächlichen Nutzens eines Produkts für Ihre Kunden sind, lassen sie sich besonders stark von der Meinung ihres Vorgesetzten beeinflussen. Insgesamt ist es damit Aufgabe der Unternehmensführung, die Einschätzung der Vertriebsmanager bezüglich des Werts von Neuprodukten durch Vergütungsanreize zu verbessern, damit dadurch ihre Vertriebsmitarbeiter zum Verkauf des Neuprodukts motiviert werden.

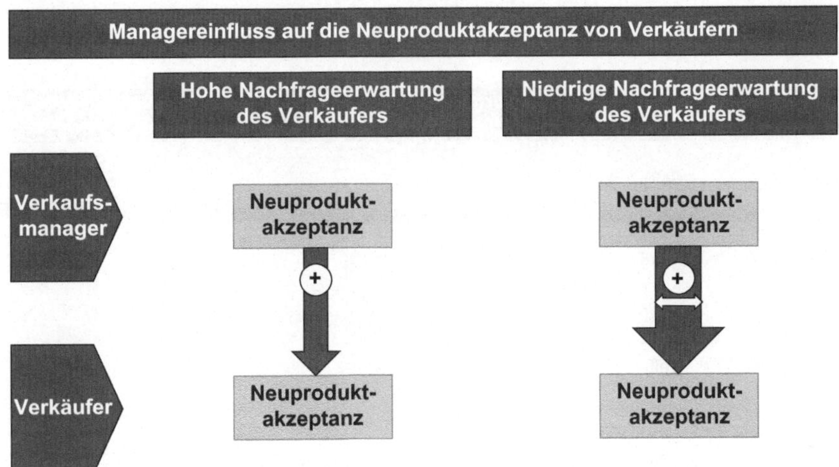

Abb. 2.9 Manager können die Neuproduktakzeptanz von Verkäufern erhöhen. (Quelle: Wieseke et al. (2008))

2.3 Effektive Vertriebsprozesse

Der Verkaufsprozess als Gegenstand effektiver Vertriebsführung ergibt sich aus dem grundsätzlichen Vertriebsziel des effektiven und effizienten Einsatzes der Ressourcen zur Ausschöpfung von Erlöspotenzialen (vgl. Hammerschmidt und Staat 2010). Die Effektivität wird gewährleistet, wenn sich die Mitarbeiter ganz auf die Wert schöpfenden Aktivitäten konzentrieren können und damit direkt oder indirekt Ziele des Vertriebsmanagements (z. B. Kundenzufriedenheit, Umsatz, Gewinn) steigern. Die Effizienz betrifft das Output-Input-Verhältnis der Vertriebsprozesse. Dabei lassen sich die Unteraspekte Kosten, Qualität und Schnelligkeit unterscheiden. Entsprechend erfordert effizientes Vertriebsmanagement, die Leistungsziele mit möglichst geringem Mitteleinsatz sowie in hinreichender Qualität und Schnelligkeit zu erreichen. Schnelligkeit beinhaltet auch Flexibilität der Vertriebsorganisation. Denn häufig beruht die Schnelligkeit von Verkaufsprozessen in der Fähigkeit, flexibel auf Kundenbedürfnisse eingehen zu können und als Folge diese Bedürfnisse schneller erfüllen zu können (vgl. Haas und Köhler 2011).

Um als Vertriebsmanager den Vertriebsprozess zu verbessern, kann man an der Vertriebskultur und an den Rahmenbedingungen des Verkaufsprozesses ansetzen. Mit Blick auf die Vertriebskultur kann man den Vertriebserfolg erhöhen, wenn

Abb. 2.10 Lernkultur als Erfolgsfaktor im Vertrieb. (Quelle: Miller Heiman (2009))

eine Kultur des Lernens im Vertrieb implementiert wird. Wie man aus Abb. 2.10 erkennen kann, erfordert eine solche Lernkultur dreierlei Art von Führungsaktivitäten. Erstens muss man die Erfolgsfaktoren der Top-Performer kennen. Dabei gilt solchen Faktoren ein besonderes Augenmerk, die auch für andere Mitarbeiter relevant sein können. Denn auf Basis dieser Erfolgsfaktoren gilt es zweitens, Best Practices auszuarbeiten und diese Best Practices innerhalb des Vertriebs weiterzugeben. Auf diese Weise sorgt man als Führungskraft für Wissenszuwächse innerhalb des Vertriebs, die über das individuelle Lernen hinausreichen, weil sie auf die gemeinsamen Erfahrungen der Mitarbeiter im Vertrieb zurückgehen. Drittens sind Performance Reviews zu etablieren, die den Fokus auf Leistungssteigerung legen. Aus dieser Perspektive ergibt sich aus einer Untererfüllung von Leistungsvorgaben und deren Diskussion (z. B. vor dem Hintergrund der Best Practices) die Gelegenheit zum Lernen und Verbessern – statt zum Einschüchtern oder Abstrafen.

Trotz des damit verbundenen Aufwands lohnt es sich, einen „lernenden Vertrieb“ anzustreben. Wie die in Abb. 2.10 dargestellten Studienergebnisse zeigen, beherrschen die Weltklasse-Unternehmen die Disziplin der Lernkultur: Neun von zehn dieser Unternehmen haben systematisch die Elemente einer lernenden Organisation im Vertrieb implementiert. Damit sind sie den anderen Unternehmen weit voraus.

Bei den Rahmenbedingungen lassen die Weltklasse-Unternehmen ebenfalls erkennen, welche Faktoren von besonderer Bedeutung sind, wenn man die Effektivität des Vertriebsprozesses erhöhen will. Wie man aus Abb. 2.11 erkennen kann, ist

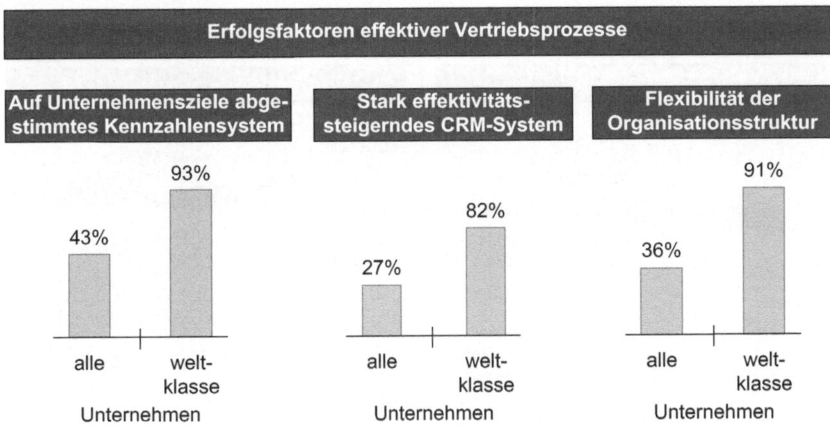

Abb. 2.11 Bedeutsame Rahmenbedingungen effektiver Vertriebsprozesse. (Quelle: Miller Heiman (2009))

zunächst ein auf die Unternehmensziele abgestimmtes Kennzahlensystem bedeutsam. So ist die Suche nach dem richtigen CRM-System und flexiblen Vertriebsprozessen nicht einfach, aber lohnt sich (vgl. Abb. 2.11).

Dabei achten die erfolgreichsten Unternehmen bei Investitionen in ein CRM-System besonders penibel darauf, mögliche Effektivitätssteigerungspotenziale auch tatsächlich zu realisieren. Mit Blick auf die Funktionalitäten derartiger Systeme folgt daraus, dass sich Kaufentscheidungen am Kriterium der Passgenauigkeit (für das zugrundeliegende Problem) und nicht am Funktionsumfang ausrichten. Mit Blick auf die menschliche Komponente gilt es zudem, durch nach Art und Anzahl hinreichende Schulungsmaßnahmen eine sowohl schnelle als auch dauerhafte Nutzung des neuen CRM-Systems sicherzustellen. Ein solches Kennzahlensystem hilft dem Vertrieb, die Unternehmensstrategie erfolgreich umzusetzen. Die konsequente Implementierung der Unternehmensstrategie im Rahmen der Vertriebsaktivitäten ist zwar nicht einfach, kann aber in besonderem Maße ökonomischen Wert für Kunden und das eigene Unternehmen schaffen (vgl. Terho et al. 2012).

2.4 Effektive Vertriebsmitarbeiter

Die Aktivitäten der Vertriebsmitarbeiter bieten der Führungskraft ebenfalls Ansatzpunkte für eine Verbesserung des Vertriebsprozesses. Art und zeitliche Struktur der Verkäuferaktivitäten bilden einen guten Startpunkt für entsprechende Optimierungen. Diesbezüglich wähnen Führungskräfte ihre Verkäufer – nomen est omen! –

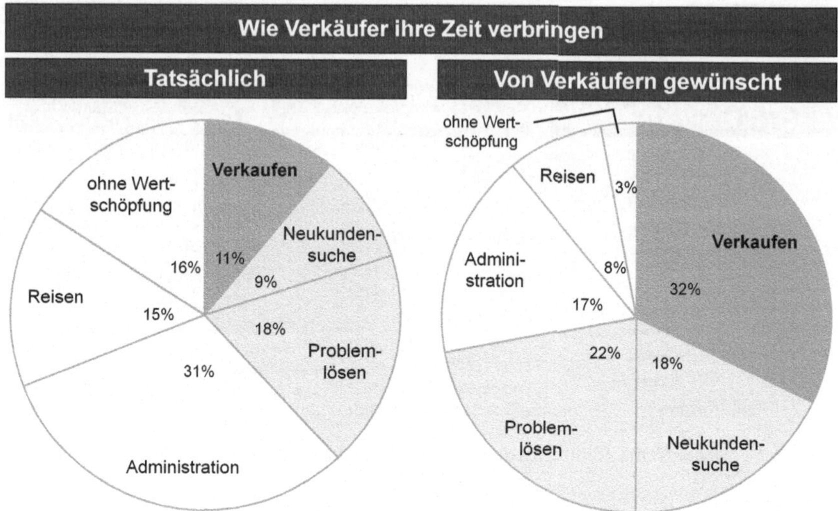

Abb. 2.12 Wie Verkäufer ihre Zeit verbringen. (Quelle: Proudfoot Consulting (2006))

die meiste Zeit bei Verkaufsaktivitäten mit potenziellen Käufern (vgl. Haas 2011). Im modernen Vertrieb muss der Verkäufer als „Dirigent der Leistungserstellung" aber auch sicherstellen, dass die dem Kunden verkaufte Leistung termingerecht und in der zugesagten Qualität erbracht wird. Und neben administrativen Tätigkeiten, die den Verkäufern zunehmend aufgebürdet werden, pflegen viele Unternehmen einen sehr lockeren Umgang mit der wertvollen Ressource Verkäuferzeit.

Als Ergebnis dieser Entwicklungen machen originäre Verkaufsaktivitäten inzwischen nur noch einen äußerst geringen Teil der Arbeitszeit der Verkäufer aus (vgl. Abb. 2.12). Rund ein Zehntel der Arbeitszeit, also ca. fünf Stunden pro Woche, ist dabei keine Seltenheit. In krassem Missverhältnis dazu stehen die fast 2/3 der Arbeitszeit, die Verkäufer heute mit administrativen Tätigkeiten, Reisen und sonstigen nicht-wertschöpfenden Tätigkeiten verbringen. Dies sehen auch die Verkäufer so.

Wie aus Abb. 2.12 ebenfalls hervorgeht, würden sich Verkäufer eine deutliche Umschichtung ihres Zeitbudgets in Richtung des eigentlichen Verkaufens und der Neukundensuche wünschen. Um dies zu realisieren, benötigen Verkäufer die Unterstützung ihrer Führungskräfte. Daher sollten Vertriebsmanager unter Nutzung organisatorischer und technologischer Maßnahmen (z. B. Übernahme administrativer Tätigkeiten und telefonischer Kundenbetreuung durch den Innendienst) versuchen, ihre Verkäufer weitestgehend von Tätigkeiten ohne unmittelbaren Ver-

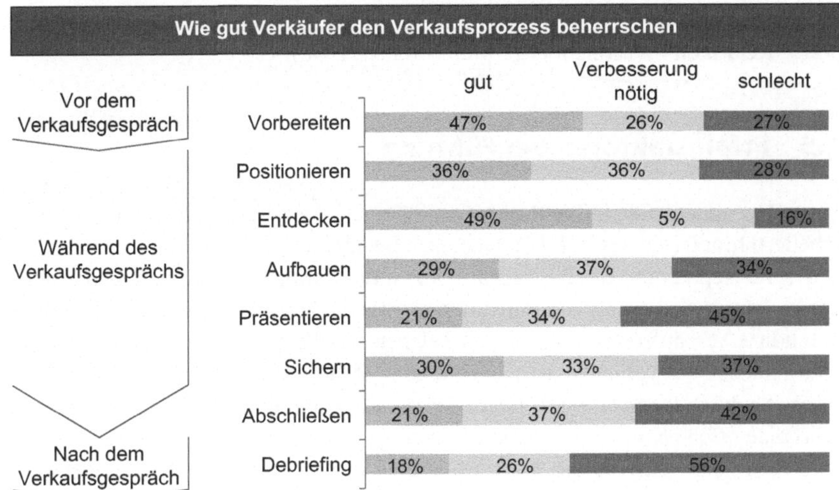

Abb. 2.13 Wie gut Verkäufer den Verkaufsprozess beherrschen. (Quelle: Proudfoot Consulting (2006))

kaufsbezug zu entlasten. Dies meint auch den Zeitfresser Besprechungen. In diesem Sinne hat etwa IBM festgelegt, dass Verkäufer pro Woche höchstens an einer 30-Minuten-Besprechung mit ihren Vorgesetzten teilnehmen müssen (vgl. Johnston und Marshall 2009).

Auch Maßnahmen zur Verbesserung der Verkaufsaktivitäten beinhalten großes Erfolgspotential. Denn obwohl Vertriebsmanager angesichts der hohen Investitionen in Schulungsmaßnahmen häufig der Meinung sind, die eigenen Verkäufer würden den Verkaufsprozess beherrschen, zeigen Studien immer wieder, dass dem nicht so ist. Abbildung 2.13 gibt das typische Ergebnis einer solchen Bestandsaufnahme wider.

Wie sich ersehen lässt, erreicht in der Mehrzahl der Aktivitäten entlang des Verkaufsprozesses nicht einmal ein Drittel der Verkäufer ein gutes Niveau. Besonders verbesserungsbedürftig sind dabei die „klassischen" Verkäuferaktivitäten des Präsentierens und Abschließens sowie das Nachfassen in der Nachkaufphase – also Aktivitäten, die gleichzeitig von besonderer Bedeutung für den kurzfristigen und langfristigen Verkaufserfolg sind. Angesichts der intensiven Schulungsmaßnahmen in der Praxis zeigt ein derartig ernüchterndes Ergebnis natürlich auch die Schwierigkeiten, die es dabei gibt, Inhalte von Trainings zum Bestandteil des Verhaltensrepertoires der Verkäufer zu machen. Stellt man sich als Führungskraft dieser Herausforderung und investiert in ein steigendes Niveau in den diversen

Tätigkeiten entlang des Verkaufsprozesses, versprechen diese Investitionen einen hohen Return on Investment (vgl. Meier-Maletz 1998).

2.5 Erfolgsfaktoren der Führung

Vertriebsmanager halten ihre Reputation für einen zentralen Erfolgsfaktor der Mitarbeiterführung (vgl. Abb. 2.14). Demnach beeinflusst aus Sicht der Vertriebsmanager die Reputation, die die Manager bei ihren Verkäufern besitzen, den Erfolg der Verkäufer. Ihre wahrgenommene Reputation ist aus ihrer Sicht erstens bedingt durch ihre Verkaufserfahrung, die als Zeichen von Fachkompetenz gewertet wird und welche in der Vergangenheit zu Erfolgen geführt hat. Zweitens ist ihr Fachwissen maßgeblich für das Finden von Lösungen für Mitarbeiter und Kunden. Drittens führt eine offene Kommunikation mit ihren Verkäufern zu Vertrauen und Respekt.

Neben ihrer Reputation zeigt Abb. 2.14, dass Vertriebsmanager auch die Arbeitsanstrengungen des Verkäufers für einen zentralen Erfolgsfaktor der Verkäuferleistung halten. Weitere Erfolgsfaktoren sind die Verkäuferentwicklung und die Anzahl der Kundenbeziehungen, die aufgebaut und gepflegt werden, wodurch dem Beziehungsmanagement eine hohe Bedeutung zukommt. Die Verkäuferentwicklung bezieht sich auf die Verbesserung von verkaufsbezogenen Kenntnissen

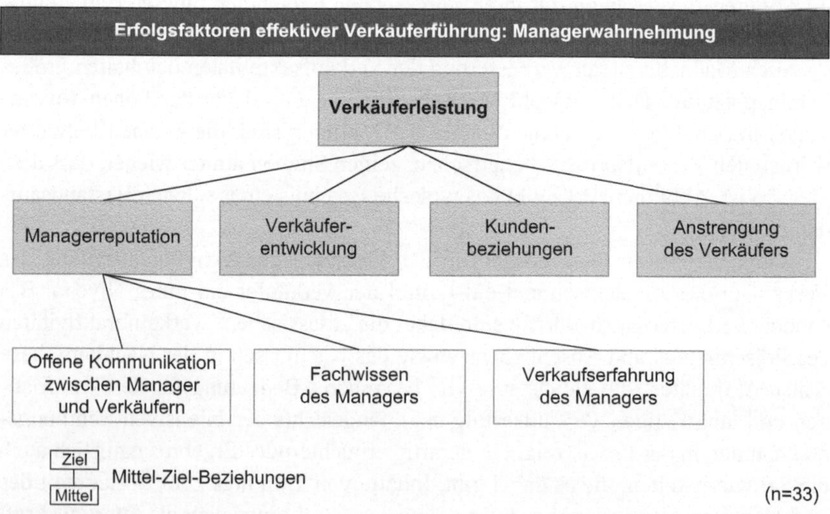

Abb. 2.14 Erfolgsfaktoren effektiver Verkäuferführung aus Managersicht. (Quelle: Deeter-Schmelz et al. (2008))

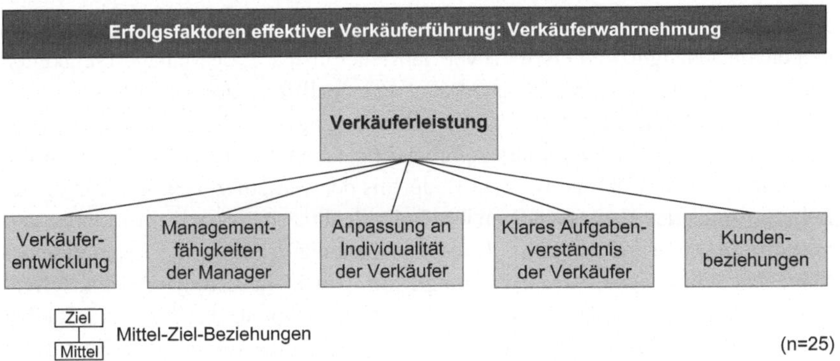

Abb. 2.15 Erfolgsfaktoren effektiver Verkäuferführung aus Verkäufersicht. (Quelle: Deeter-Schmelz et al. (2008))

und Fähigkeiten der Verkäufer, die beispielsweise durch kontinuierliches Feedback ihres Vertriebsmanagers oder Schulungsmaßnahmen gefördert werden.

Da Manager der Meinung sind, diese vier Bereiche – die Reputation des Managers, die Verkäuferentwicklung, die Kundenbeziehungen und die Anstrengung des Verkäufers – entscheiden maßgeblich über den Erfolg der von ihnen geführten Verkäufer, werden die Manager an diesen vier Bereichen auch ihr Führungsverhalten ausrichten. Stimmt die Managerwahrnehmung über die Erfolgsfaktoren mit der Verkäuferwahrnehmung überein? Wie der Blick in dieselbe Studie zeigt, zu großen Teilen nicht (vgl. Abb. 2.15). Von den fünf Erfolgsfaktoren, die Verkäufer für entscheidend halten, decken sich nur zwei mit der Managerwahrnehmung: Auch Verkäufer halten Entwicklungsmaßnahmen (z. B. durch Schulungen) und Kundenbeziehungen für wichtige Erfolgsfaktoren.

Welche Faktoren sind darüber hinaus wichtig für eine effektive Verkäuferführung aus Sicht der Verkäufer? Aus Verkäufersicht basiert der Führungserfolg im Vertrieb darüber hinaus auf fachlichen und sozialen Managerfähigkeiten. Abbildung 2.15 verdeutlicht, dass aus Verkäufersicht ebenfalls Verkäuferentwicklung und Kundenbeziehungen ausschlaggebend sind für den Vertriebserfolg. Jedoch führen Verkäufer ihre eigene Leistung nicht direkt auf ihre eigenen Anstrengungen zurück, sondern sehen fachliche Managementfähigkeiten, wie Organisationsfähigkeit, Zeitmanagement, Betreuung und Motivationsfähigkeit, aber auch die Fähigkeit, Aufgaben gegenüber Verkäufern klar zu kommunizieren, als zentrale Erfolgsfaktoren effektiver Verkäuferführung. Zudem stehen für sie soziale Managerfähigkeiten im Vordergrund, nämlich die Anpassungsfähigkeit bzw. Flexibilität ihres Managements, auf ihre individuellen Bedürfnisse einzugehen und sich an diesen zu orientieren. Demnach ist aus Verkäufersicht die eigene Leistungsfähigkeit davon abhängig, inwiefern ihr Vertriebsleiter über soziale Managerfähigkeiten verfügt, d. h. ihre Individualität anerkennt und sie differenziert behandelt.

Stellt man Manager- und Verkäuferwahrnehmung gegenüber, so wird deutlich, wie sehr der von Managern angenommene Erfolgsfaktor der Anstrengungen des Verkäufers im Konflikt ist mit dem Bedürfnis der Verkäufer nach Anpassung der Führung durch den Vorgesetzten an ihre Individualität sowie nach einer klaren Vermittlung der Ziele und Aufgaben. Dagegen halten die Verkäufer die Reputation des Managers – im Gegensatz zur Führungskraft – nicht für erfolgsrelevant. Offensichtlich schätzen Verkäufer solche Führungsmaßnahmen, die ihnen unmittelbar etwas bringen (z. B. ein klares Aufgabenverständnis oder wenig Zeitverlust durch hohe Managementfähigkeiten des eigenen Managers). Reputation des Managers gehört nicht dazu. Der Vertriebsführung sollte insgesamt bewusst sein, dass Leistungsfaktoren durch Verkäufer und Vertriebsmanager unterschiedlich beurteilt werden.

Abbildung 2.16 verdeutlicht, dass weitere Unterschiede in den Erwartungen an das Führungsverhalten die Zusammenarbeit zwischen Manager und Verkäufer erschweren. Verkäufer und Vertriebsmanager beurteilen die Stellhebel für effektive Verkäuferentwicklung unterschiedlich. Aus Sicht der Verkäufer ist neben Coaching insbesondere die Effektivität des Feedbacks als auch die Übertragung von Verant-

Abb. 2.16 Wahrgenommene Erfolgsfaktoren der internen Zusammenarbeit. (Quelle: Deeter-Schmelz et al. (2008))

wortung von Seiten des Vertriebsmanagers ausschlaggebend für ihre Entwicklung. Aus der Wahrnehmung der Vertriebsmanager führen dagegen Coaching und Vertrauen dazu, dass ihre Mitarbeiter sich entwickeln. Und aus Verkäufersicht ist das Vertrauen in ihre Führungskraft ausschlaggebend für den Respekt, den sie ihrer Führungskraft entgegenbringen. Vertriebsmanager halten dagegen eher ihre eigene Leistung als ausschlaggebend dafür, dass ihre Verkäufer ihnen Respekt erweisen.

Diese Ergebnisse verdeutlichen, dass Manager gut überlegen müssen, durch welche Maßnahmen sie ihre Mitarbeiter effektiv führen können. Sind den Managern die Wahrnehmungsunterschiede nicht bewusst, versuchen Manager ihre Verkäufer durch Vertrauen zu entwickeln – und wundern sich über ausbleibende Ergebnisse. Zwar führt Vertrauen dazu, dass die Verkäufer Respekt vor ihren Vorgesetzten aufbauen. Für ihre Entwicklung wäre dagegen Feedback und Empowerment sinnvoll gewesen. Analog irren Manager, wenn sie glauben, sie könnten sich den Respekt ihrer Mannschaft durch Leistung gleichsam „erarbeiten". Effektiver wäre es, den geführten Verkaufsmitarbeitern zu zeigen, wie sehr man ihnen vertraut.

Abgesehen von den Wahrnehmungen sind für Führungskräfte im Vertrieb aber auch relevant, welches die zentralen Eigenschaften der Verkäufer für deren Verkaufserfolg sind und wie man als Manager die Verkäufer bei diesem Ziel unterstützen kann. Eine Auswertung zahlreicher relevanter Studien liefert wichtige Erkenntnisse (vgl. Abb. 2.17).

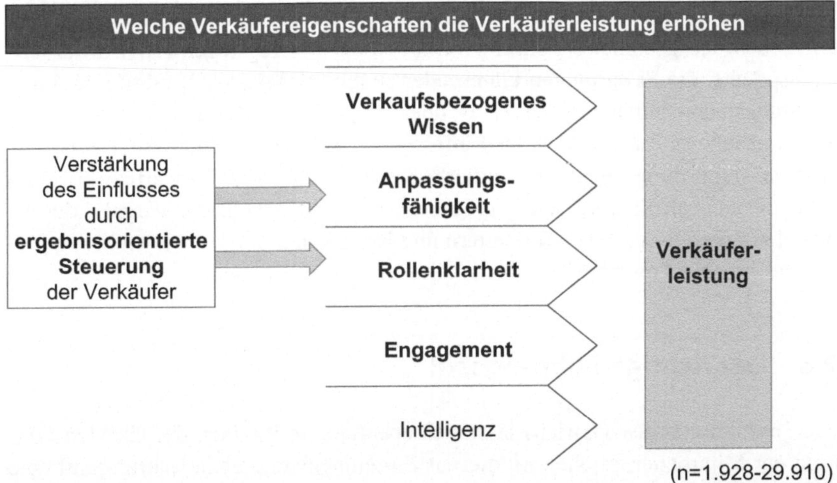

Abb. 2.17 Ergebnisorientierte Steuerung erhöht die Verkäuferleistung. (Quelle: Verbeke et al. (2011))

Die Unterstützung der Verkäufer im Hinblick auf eine höhere Leistung kann an vier Erfolgsfaktoren ansetzen – und durch Management by Objectives verstärkt werden. Diese vier Erfolgsfaktoren der Verkäuferleistung sind – nach ihrer Wichtigkeit gereiht – verkaufsbezogenes Wissen, Anpassungsfähigkeit, Rollenklarheit und Engagement (vgl. Abb. 2.17).

Verkaufsbezogenes Wissen ist die Verkäufereigenschaft, welche die Verkäuferleistung am deutlichsten erhöht. Dies zeigt, wie wichtig es ist, dass Verkäufer speziell im Business-to-Business Bereich über technisches, Produkt-, Markt-, und Kunden-spezifisches Wissen verfügen, um die Probleme der Kunden lösen und somit Wert für ihr Unternehmen und ihre Kunden schaffen zu können. Die Anpassungsfähigkeit von Verkäufern in einer wissensintensiven Wirtschaft erfordert, dass Verkäufer den Kunden aufzeigen können, wie andere Kunden Probleme gelöst haben. Es erfordert ebenso, dass Verkäufer in der Lage sind Kundenbedürfnisse und -absichten zu erkennen und sich an diesen auszurichten.

Verkäufer müssen in der Zusammenarbeit mit Kunden und Kollegen eine Vielzahl an Beziehungen innerhalb ihres Netzwerks pflegen. Dies kann dazu führen, dass die Rolle, die sie innerhalb des Verkaufsprozesses spielen, und damit einhergehende Erwartungen unklar sind. Je besser Manager ihren Vertriebsmitarbeitern ihre Rollenerwartungen kommunizieren, desto höher ist deren Verkaufsleistung. Arbeitsengagement umfasst die Bereitschaft von Verkäufern sowohl für als auch mit Kunden und Kollegen aktiv zusammenzuarbeiten und Verantwortung (für deren Belange und Probleme) zu übernehmen.

Manager können diese vier Merkmale in ihrer Vertriebsmannschaft beeinflussen, indem sie geeignetes Führungsverhalten an den Tag legen (z. B. Mitarbeitergespräche, die Erwartungen klären oder zu mehr Engagement motivieren) und Schulungsmaßnahmen anbieten (z. B. über Produkte und Kunden sowie den Umgang mit ihnen). Zudem wird der Einfluss von zwei Erfolgsfaktoren auf die Verkäuferleistung durch ergebnisorientierte Steuerung (d. h. die erwartete Leistung wird anhand von Ergebnissen vorgegeben) verstärkt. Durch die Vorgabe der erwarteten Ergebnisse ist den Verkäufern ihre Rolle klarer und sie wissen besser, auf welche Art eine Anpassung erfolgen sollte, um effektiv zu sein.

2.6 Der richtige Führungsstil

Die Produktivität des Vertriebs lässt sich ebenfalls im Rahmen der direkten Führung der Mitarbeiter erhöhen. In diesem Zusammenhang meint Führungsstil eine Verhaltenssteuerung dieser Mitarbeiter durch den persönlichen Auftritt und das Führungsverhalten des Vorgesetzten (vgl. Diller et al. 2005). Während sich im Laufe der Zeit ganz unterschiedliche Führungsstilkonzepte entwickelt haben, hat sich die Unterscheidung zwischen aufgabenorientierten und personenorientierten Verhaltensweisen als hilfreich herausgestellt, um spezifisches Führungsverhalten, wie z. B. Coaching oder Feedbackgespräche, in breitere Kategorien einzuteilen (vgl. Yukl 2006). Aus dieser Perspektive können Vertriebsmanager erwünschte Führungsergebnisse durch aufgabenorientiertes und/oder personenorientiertes Führungsverhalten anstreben. Aufgabenorientierte Führung unterstützt Verkäufer dabei, Aufgabenanforderungen und Betriebsabläufe zu verstehen (z. B. in Form der Zuweisung von Aufgaben oder der sogenannten transaktionalen Führung). Personenorientierte Führung zielt darauf ab, Vertriebsmitarbeiter dabei zu unterstützen, Wissensstrukturen, Einstellungen und Verhaltensweisen zu entwickeln, die Verkäufer für effektives Arbeiten benötigen (z. B. durch Coaching oder transformationelles Führungsverhalten).

Manager können erwünschte Führungsergebnisse aufgabenorientiert oder personenorientiert anstreben. Abbildung 2.18 stellt den Zusammenhang zwischen dem Führungsstil und Führungsergebnissen dar. So geht es im Rahmen der Führung in aller Regel um das besonders bedeutsame Ergebnis der Verkäuferleistung. Diese kann auf Basis objektiver Daten (z. B. erzielter Umsatz) bestimmt oder – stärker subjektiv – vom Manager beurteilt werden, wodurch dann auch schwer messbare Leistungsaspekte, wie etwa der Aufbau von Kundenbeziehungen, Berücksichtigung finden können. Aber auch die Fluktuation der Mitarbeiter ist regelmäßig eine wichtige Maßgröße der Vertriebsführung, da Fluktuationsraten im Vertrieb traditionell eher hoch liegen und hohe direkte und indirekte Kosten entstehen, wenn Vertriebsmitarbeiter das Unternehmen verlassen.

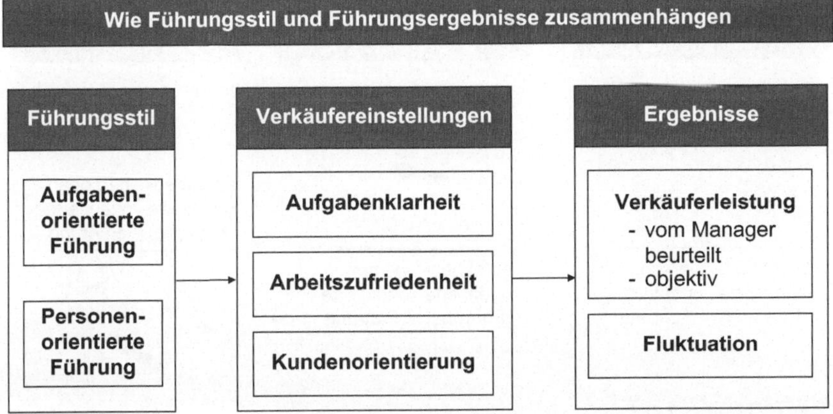

Abb. 2.18 Wie Führungsstil und Führungsergebnisse zusammenhängen. (Quelle: Auf Basis von Haas et al. (2009))

Wie aus Abb. 2.18 ersichtlich ist, lassen sich die erwähnten Führungsergebnisse über die Beeinflussung von Verkäufereinstellungen anstreben. Im Rahmen der Vertriebsführung haben sich die mitarbeiterseitig wahrgenommene Klarheit der Aufgabe, die Arbeitszufriedenheit und die Kundenorientierung als sehr relevant herausgestellt, da sie einen positiven Einfluss auf die Verkäuferleistung ausüben und die Fluktuation reduzieren.

Welcher Führungsstil am besten geeignet ist, kann häufig nur im spezifischen Führungskontext beantwortet werden (vgl. Köhler 1995). Haas et al. (2009) finden bei einer Zusammenfassung der Ergebnisse vorhandener Studien zum Vertrieb allerdings einige generell gültige Zusammenhänge zwischen Führungsstil und Ergebnissen bzw. Verkäufereinstellungen. Die Analysen legen nahe, dass etwa für harte Verkaufsergebnisse ein personenorientierter Führungsstil besser geeignet ist als ein aufgabenorientierter. Die Wirkung von aufgaben- und personenorientierter Führung ist in etwa gleich hoch, wenn es um die Verkäuferleistung aus Managersicht geht, aber Personenorientierung ist vorteilhafter, wenn objektive Ergebnisse erreicht werden sollen (vgl. Abb. 2.19). Der über alle Studien hinweg kaum nachweisbare Zusammenhang zwischen aufgabenorientierter Führung und objektiver Verkäuferleistung zeigt dabei deutlich, wie situationsabhängig der Führungserfolg gerade bei diesem Führungsstil ist.

Möchte man als Manager die Fluktuation reduzieren, eignet sich dagegen ein aufgabenorientierter Führungsstil besser als ein personenorientierter. Denn

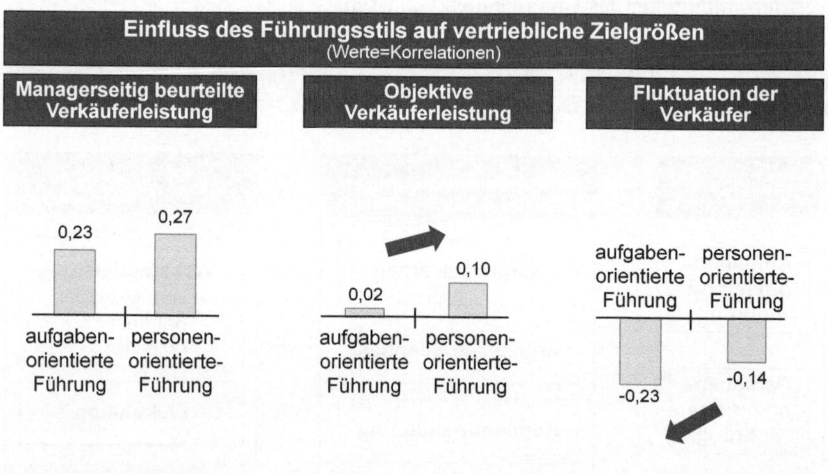

Abb. 2.19 Einfluss des Führungsstils auf bedeutsame Zielgrößen des Vertriebs. (Quelle: Auf Basis von Haas et al. (2009))

Aufgabenorientierung hat einen stärkeren negativen Einfluss auf die Verkäuferfluktuation. Daran zeigt sich, dass aufgabenorientierte Führung auf Verkäuferseite den Aufbau solcher Kenntnisse und Fähigkeiten fördert, die stark an die jeweilige Vertriebsorganisation gebunden sind. Diese werden bei einem Jobwechsel in gewisser Weise unbrauchbar. Das im Zuge einer personenorientierten Führung erlernte Wissen lässt sich dagegen auch in einer neuen Organisation gut anwenden und stellt insofern kein Hindernis für einen Wechsel dar.

Bei „weichen" Zielgrößen ist personenorientierte Führung der aufgabenorientierten Führung überlegen. Abbildung 2.20 zeigt den Einfluss des Führungsstils auf die Aufgabenklarheit, Arbeitszufriedenheit und Kundenorientierung der Vertriebsmitarbeiter.

In allen Fällen sind die Zusammenhänge für personenorientierte Führung stärker. Durch personenorientierte Führung verstehen Vertriebsmitarbeiter ihre Aufgaben besser. Zudem ist bei einem solchen Führungsstil ihre Arbeitszufriedenheit und Kundenorientierung höher. Die Zusammenhänge zwischen einerseits Personenorientierung und andererseits Arbeitszufriedenheit bzw. Kundenorientierung sind dabei besonders ausgeprägt. Hier macht sich bemerkbar, dass Mitarbeiter bei einem personenorientierten Führungsstil eine überdurchschnittliche Zuwendung des Vorgesetzten wahrnehmen. Dies macht die Mitarbeiter nicht nur zufriedener, sondern sorgt dafür, dass sie auch in ihren Interaktionen mit Kunden Letztere mit ihren Bedürfnissen und Problemen in den Mittelpunkt stellen.

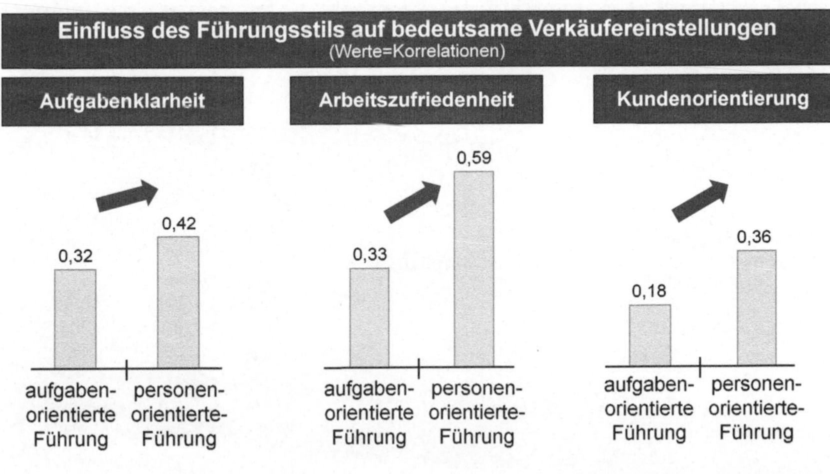

Abb. 2.20 Einfluss des Führungsstils auf bedeutsame Verkäufereinstellungen. (Quelle: Auf Basis von Haas et al. (2009))

2.7 Markenorientierte Verkäuferführung

Vertriebsmanager üben durch ihren Führungsstil auch einen starken Einfluss auf die Markenbildung aus. Zwar schreiben viele Unternehmen dem Vertrieb – sofern überhaupt – eine negative Bedeutung für das Markenmanagement zu, und das Marketing beanstandet nicht selten das vertriebsseitige „Verramschen" der Marke zum Erreichen von Verkaufszielen (vgl. Haas 2009). Aber im Gegensatz zu dieser Ansicht steht die Bedeutung des Vertriebs für den Markenaufbau insbesondere von Unternehmensmarken und Marken auf Dienstleistungs- und Business-to-Business-Märkten außer Frage. Denn die Vertriebsmitarbeiter bilden für die Kunden in aller Regel die zentralen Kontaktpunkte zum Unternehmen und werden daher als personalisierte Marke wahrgenommen. Folglich sollten Vertriebsmanager ihre Mitarbeiter zu markenstärkendem Verhalten bewegen. Dazu hat sich ein sogenannter transformationaler Führungsstil als besonders effektiv herausgestellt. Dabei überzeugen die Vorgesetzten ihre Verkäufer von den Markenwerten und -inhalten und reißen die Verkaufsmannschaft auf diese Weise mit (vgl. Morhart et al. 2009). Kontraproduktiv ist dagegen ein transaktionaler Führungsstil, der durch Belohnung und Bestrafung versucht, bei den Vertriebsmitarbeitern markenunterstützendes Verhalten hervorzurufen (vgl. Abb. 2.21).

Wie Abb. 2.21 zeigt, sorgt aufgabenorientierte Führung für eine zunehmend sachliche Verkäufer-Marken-Beziehung – mit negativen Konsequenzen. Aufga-

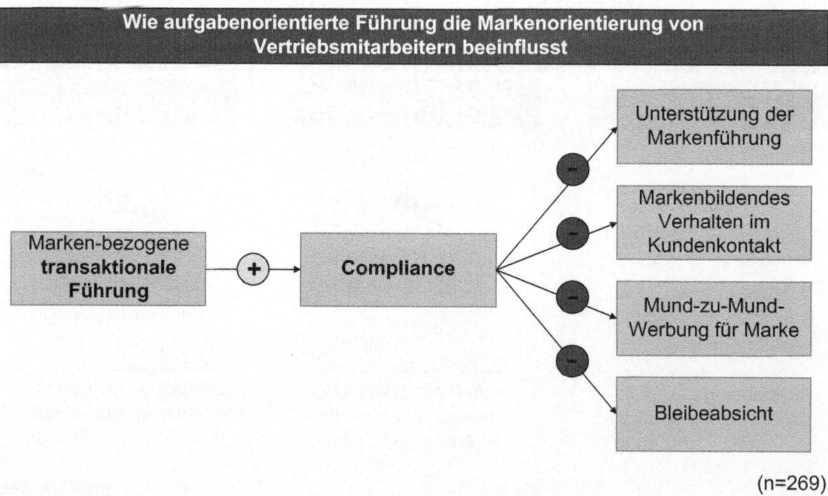

Abb. 2.21 Negative Konsequenzen eines aufgabenorientierten Führungsstils. (Quelle: Morhart et al. (2009))

benorientierte Führung beinhaltet enge Kontrolle, Überwachung der Vertriebsaktivitäten und darauf basierende Belohnungssysteme. Diese hindert Verkäufer daran, sich als selbständige Vertreter der Unternehmensmarke wahrzunehmen (vgl. Deci et al. 1999). Vertriebsmanager erhöhen durch markenbezogenes aufgabenorientiertes Führungsverhalten die Compliance von Verkäufern (vgl. Abb. 2.21). Compliance bedeutet, dass Verkäufer sich rollenkonform verhalten, da sie dadurch positive Konsequenzen, wie z. B. Beförderung oder finanzielle Belohnungen, für sich selbst erwarten. Compliance sorgt aber dafür, dass Verkäufer nicht über die reine Erfüllung dessen, was von ihnen erwartet wird, hinausgehen. Compliance beeinflusst sowohl rollenkonforme Verhaltensweisen von Verkäufern als auch Tätigkeiten, die nicht im Berufsbild verankert sind, wie die Mund-zu-Mund-Werbung, negativ. Verkäufer entwickeln demnach eine sachliche Beziehung zum Unternehmen. So vertreten Verkäufer ihr Unternehmen nach außen, weil sie es müssen, statt weil sie es wollen oder von dem, was sie tun, überzeugt sind. Dies führt nicht nur zu einer geringeren Unterstützung der Marke und weniger markenbildendem Verhalten im Kundenkontakt, sondern letztlich auch zu einer höheren Bereitschaft der Verkäufer, das Unternehmen zu verlassen.

Im Gegenzug führt personenorientierte Führung zur verkäuferseitigen Identifizierung mit den Markenwerten sowie zu markenkonformem Verhalten. Wie aus Abb. 2.22 ersichtlich ist, lassen sich wichtige Ergebnisse der Markenführung (Unterstützung der Markenführung, markenbildendes Verhalten im Kundenkon-

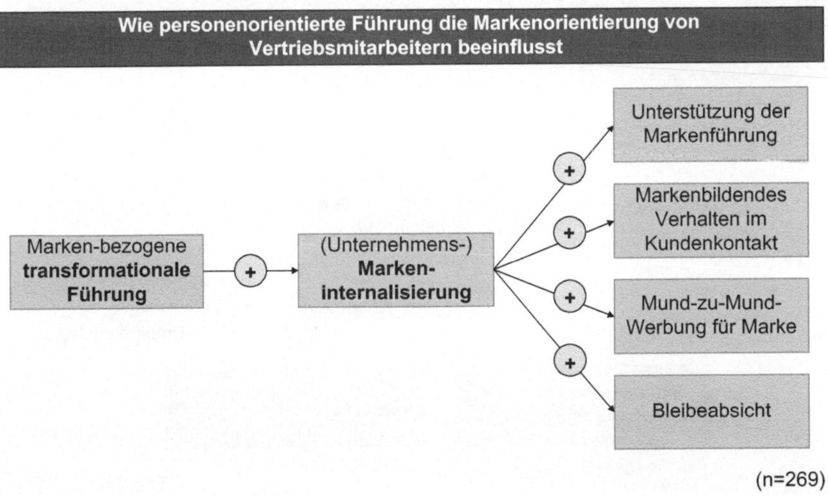

Abb. 2.22 Positive Konsequenzen eines personenorientierten Führungsstils. (Quelle: Morhart et al. (2009))

takt, Mund-zu-Mund-Werbung und die Bleibeabsicht) über diesen Führungsstil verwirklichen.

Vertriebsmanager können durch markenbezogenes personenorientiertes Führungsverhalten die Markeninternalisierung von Verkäufern erhöhen. Verkäufer identifizieren sich mit der Unternehmensmarke und internalisieren diese in ihr Wertesystem. Diese Verkäufer verhalten sich markenkonform, weil dies für ihr eigenes Selbstverständnis von Bedeutung ist. Dies fördert auch Verhaltensweisen von Verkäufern, die über ihre Stellenausschreibungen hinausgehen (z. B. Mund-zu-Mund-Werbung für die eigene Marke) und verstärkt deren Bleibeabsicht.

Die verkäuferseitige Identifizierung mit dem Unternehmen (bzw. der Unternehmensmarke) wird von den Managern und deren Führungsstil bestimmt. Manager können die Identifikation Ihrer Verkäufer mit dem Unternehmen beeinflussen. Wie Abb. 2.23 zeigt, überträgt sich die Identifizierung mit dem Unternehmen kaskadenförmig von oben nach unten, d. h. vom Gebietsleiter auf den Verkaufsleiter sowie über den Verkaufsleiter auf das Verkaufsteam.

Der Führungsstil jeder hierarchischen Unternehmensebene beeinflusst dabei die Identifizierung der folgenden Hierarchieebene mit dem Unternehmen. Insofern wird die zentrale Rolle von Verkaufsmanagern für die verkäuferseitige Identifikation mit dem Unternehmen deutlich. Als übergeordneter Manager reicht es nicht, die Identifikation mit dem eigenen Unternehmen „anzuordnen". Vielmehr muss

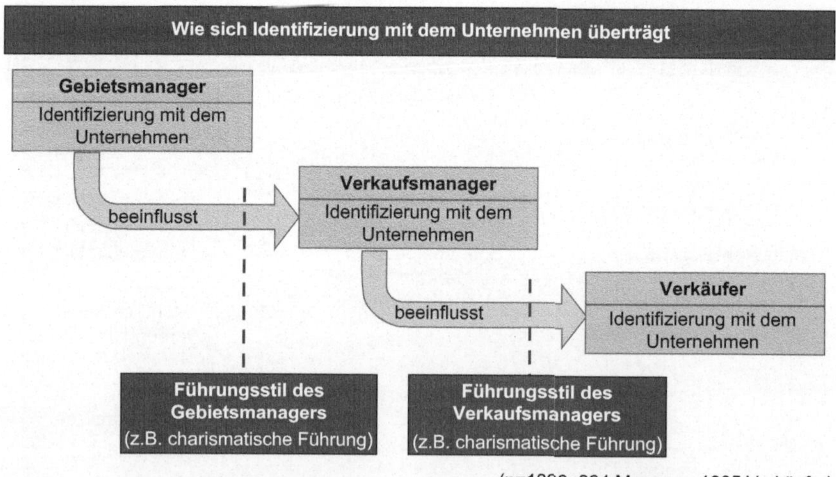

Abb. 2.23 Einfluss des Führungsstils auf verkäuferseitige Identifizierung mit dem Unternehmen. (Quelle: Wieseke et al. (2009))

man diese Identifikation authentisch vorleben. Gleichzeitig wird deutlich, wie bedeutsam die höheren Führungsebenen und das Top-Management dafür sind, die Mitarbeiter vom eigenen Unternehmen zu begeistern. Offensichtlich ist dies eine wichtige Managementaufgabe – und lässt sich nicht delegieren.

Personenorientierte Führung wirkt als Ventil – mit diesem Führungsstil gelingt die Übertragung der managerseitigen Identifikation besser. Speziell ein charismatischer personenorientierter Führungsstil von Managern mit hoher Unternehmensidentifikation inspiriert Verkäufer und verbessert dadurch die verkäuferseitige Identifikation mit dem Unternehmen (vgl. Abb. 2.24).

Charismatische Führungskräfte können ihre Mitarbeiter dazu motivieren, idealisierte Ziele zu erreichen und die Entwicklung einer kollektiven Identität fördern (vgl. Conger 1999). Stark ausgeprägte charismatische Führung sorgt dafür, dass sich eine hohe Manageridentifikation mit dem eigenen Unternehmen auf die Verkaufsmitarbeiter besser überträgt. Demnach wird durch charismatische Führung der Transfer der Identifikation mit dem Unternehmen über die verschiedenen Hierarchieebenen des Unternehmens erleichtert.

Die Dauer der Manager-Verkäufer-Beziehung verstärkt den Einfluss charismatischer Führung auf Vertriebsmitarbeiter um ein Vielfaches. Im Gegenzug beeinträchtigen in langfristigen Manager-Verkäufer-Beziehungen charismatische Führungskräfte, die sich nicht mit dem Unternehmen identifizieren, die verkäuferseitige Identifikation mit dem Unternehmen (vgl. Abb. 2.24).

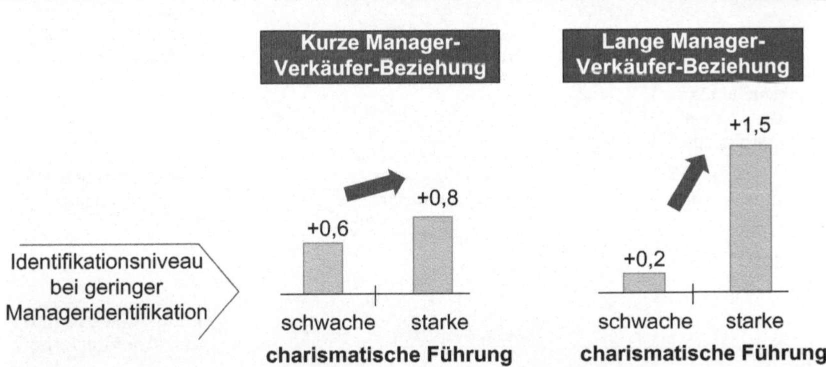

Abb. 2.24 Einfluss des Führungsstils auf verkäuferseitige Identifizierung mit dem Unternehmen. (Quelle: Wieseke et al. (2009))

Wenn Verkäufer ihren Manager lange kennen, überträgt sich dessen Einstellung zum Unternehmen bei charismatischer Führung offensichtlich besonders stark auf die geführten Verkäufer. Bei langen Beziehungen ist charismatische Führung allerdings auch nötig, damit der Manager seine Identifikation an die Verkäufer weitergeben kann. Führt er nicht charismatisch, interpretieren seine Verkäufer dies womöglich als fehlende Überzeugung des Managers – und die hohe Identifikation mit dem Unternehmen kommt nur in geringem Umfang bei den Verkäufern an.

2.8 Aufbau von Kundenloyalität

Dass Kundenloyalität ein wichtiger Erfolgsfaktor für Unternehmen ist, ist weithin akzeptiert. Entsprechend investieren Unternehmen in vielfältige Aktivitäten zur Stärkung der Kundenbeziehungen. Zu welchen Ergebnissen führen diese Aktivitäten?

Die „interessanten" Ergebnisse der Stärkung von Kundenbeziehungen sind an die Verkäufer gebunden – mit hohem Risiko für das Unternehmen. Abbildung 2.25 zeigt den durchweg positiven Einfluss von Aktivitäten zur Stärkung der Kundenbeziehungen sowohl auf die Kundenloyalität zu Anbieterfirmen als auch auf die Loyalität zum Verkäufer.

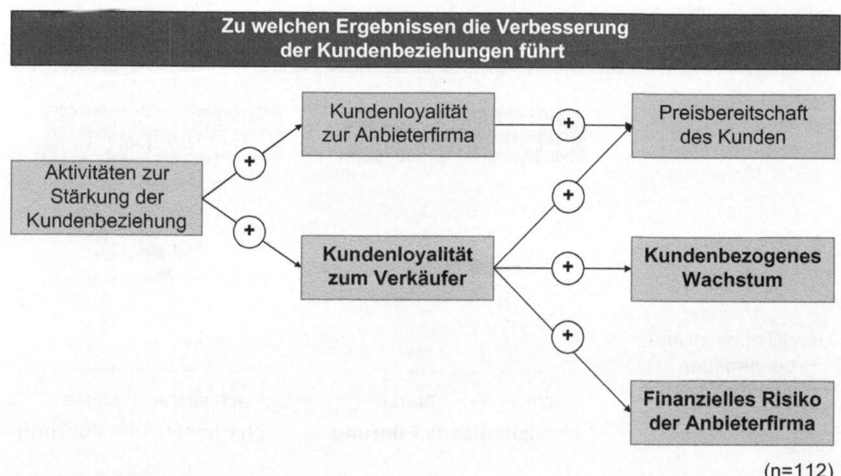

Abb. 2.25 Kundenbeziehungen als Erfolgsfaktor im Vertrieb. (Quelle: Palmatier et al. (2007))

Aktivitäten zur Stärkung der Kundenbeziehungen umfassen alle Bemühungen der Anbieterfirma in der Zusammenarbeit eine Beziehung entstehen zu lassen (vgl. Crosby et al. 1990). Kundenloyalität zur Anbieterfirma erhöht die Bereitschaft des Kunden, einen höheren Preis zu bezahlen. Aktivitäten, welche die Kundenloyalität zum Verkäufer erhöhen, beeinflussen neben der Preisbereitschaft des Kunden auch das kundenbezogene Wachstum nachhaltig. Zudem steigt das finanzielle Risiko für die Anbieterfirma, das sich aus einem Weggang des Verkäufers ergäbe (z. B. durch Wechsel zum Wettbewerb). Sofern das finanzielle Risiko einer Anbieterfirma im Falle eines Weggangs des Verkäufers hoch ist, sollte die Unternehmensführung Strategien zum Erhalt ihrer Verkäufer ausarbeiten, beispielsweise durch Wettbewerbsklauseln in Arbeitsverträgen oder Aktienvergütungsprogramme.

Risiken der Verkäufer-Kundenbeziehung können durch aktives Loyalitätsmanagement effektiv reduziert werden. Denn den Aufbau von Loyalität zum Verkäufer kann man durch geeignete Maßnahmen zum Unternehmen leiten – oder zumindest neutralisieren. Abbildung 2.26 stellt den Zusammenhang zwischen Möglichkeiten zum Loyalitätsmanagement und Auswirkungen auf die Kundenloyalität dar.

Diese Möglichkeiten umfassen einerseits anbieterseitige Strategien zur Loyalitätsvereinnahmung, durch welche die Loyalität von Verkäufern auf das Unternehmen umgeleitet werden kann. Andererseits die verkäuferseitige Konsistenz der Kundenbearbeitung, nämlich inwiefern Verkäufer aus Kundensicht als unabhängig

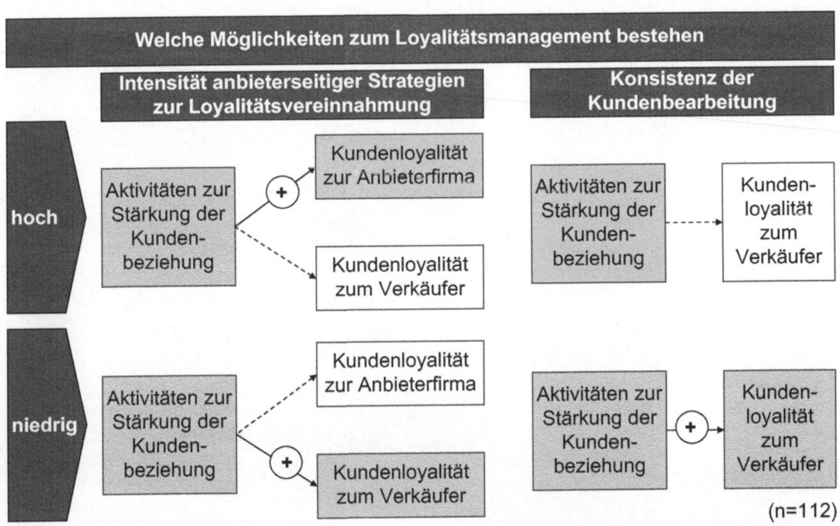

Abb. 2.26 Welche Möglichkeiten zum Loyalitätsmanagement bestehen. (Quelle: Palmatier et al. (2007))

handelnde Akteure oder austauschbare Repräsentanten des Unternehmens wahrgenommenen werden. Aktivitäten zur Stärkung der Kundenbeziehung erhöhen die Kundenloyalität zum Verkäufer, wenn Verkäufer von Kunden als diejenigen wahrgenommen werden, die in der Zusammenarbeit Nutzen stiften. Mit steigender Intensität geeigneter Loyalitätsmaßnahmen kann die Kundenwahrnehmung deshalb dahingehend beeinflusst werden, dass aus der Zusammenarbeit resultierende Vorteile aus Kundensicht eher dem Unternehmen zugeschrieben werden, als dem Verkäufer. Solche primär kommunikativen Maßnahmen sind beispielsweise Newsletter, personalisierte Anschreiben oder alternativ interne Mitarbeiter, die in der Kommunikation mit Kunden dazu beitragen, dass diese die vom Verkäufer erbrachten Leistungen dem Unternehmen zuschreiben. Ist die Konsistenz der Kundenbearbeitung hoch, d. h. werden Verkäufer von Kunden als austauschbare Repräsentanten des Unternehmens in der Zusammenarbeit wahrgenommen, entsteht keine Kundenloyalität zum Verkäufer. Insgesamt sollten Unternehmen also darauf achten, dass sie ihren Kunden konsistent verdeutlichen, dass in erster Linie das Unternehmen – und nicht der Verkäufer – hinter den erbrachten Leistungen steht und am Wohl der Kunden interessiert ist. Dadurch lässt sich das Risiko, Kunden beim Weggang des Verkäufers zu verlieren, wirkungsvoll eliminieren.

Zusammenfassung 3

Unternehmen stehen in ihrer Vertriebsführung heutzutage vor großen Herausforderungen. So ist in vielen Unternehmen das Kompetenzprofil der Vertriebsmanager bestenfalls durchschnittlich und weist speziell für die erfolgskritischen Aufgabenbereiche des Innovationsmanagements, der Kundenorientierung und des Managements des Vertriebsprozesses ein deutliches Defizit auf. Dieses Kompetenzdefizit ist nicht selten nur schwer zu diagnostizieren. Denn gute Leistungsangebote der Unternehmen und die daraus resultierenden Vertriebserfolge erwecken nur allzu oft den Anschein einer durch kompetente Führungskräfte gekennzeichneten und vermeintlich dadurch leistungsstarken Vertriebsorganisation – und verstellen den Blick auf die weitaus höheren Ergebnisse, die im Falle eines höheren Kompetenzniveaus der Manager möglich wären. Hier sind die Unternehmen gefragt, ein effektives Kompetenzmanagement im Vertrieb einzuführen und dadurch Managementdefizite unter den Vertriebsmanagern selbstkritisch zu identifizieren und zu beseitigen.

Vertriebsführung kann den Vertriebserfolg durch eine Optimierung des Vertriebsprozesses nachhaltig erhöhen. Großes Potenzial bietet in diesem Zusammenhang eine Kultur des Lernens. Entsprechend sollten Vertriebsmanager dafür sorgen, dass Erfolgsfaktoren und erfolgreiche Vorgehensweisen einzelner Verkäufer und Verkaufsteams identifiziert und der gesamten Verkaufsmannschaft zugänglich gemacht werden. In Feedbackgesprächen zwischen Führungskraft und Mitarbeiter bilden diese Informationen eine gute Grundlage für leistungssteigernde Maßnahmen in der Zukunft. Darüber hinaus beinhaltet auch die Optimierung der Verkäuferaktivitäten ein großes Erfolgspotenzial. Führungskräfte stehen nicht nur in der Verantwortung, den Verkäufern zu ermöglichen, einen möglichst großen Anteil ihrer Arbeitszeit in die eigentlichen verkäuferischen Tätigkeiten zu investieren. Vielmehr besitzen auch die Verkaufsfähigkeiten der Verkäufer noch großes Entwicklungspotenzial. Von besonderer Bedeutung sind in diesem Zusammenhang solche Schulungs- und Entwicklungsmaßnahmen, die eine effektive und nachhal-

A. Haas, N. Stübiger, *Erfolgreiche Vertriebsführung,* essentials,
DOI 10.1007/978-3-658-06286-6_3

tige Anwendung der verkäuferseitig gelernten Schulungsinhalte in der Vertriebspraxis sicherstellen.

Den klassischen Ansatz zur Erhöhung des Vertriebserfolgs bildet die Anwendung des richtigen Führungsstils. Obwohl häufig situationsabhängig, hat personenorientierte Führung gegenüber einem aufgabenorientierten Führungsstil hinsichtlich zahlreicher relevanter Führungsziele eine höhere Erfolgsvermutung auf ihrer Seite. Auch bei der immer wichtiger werdenden Aufgabe, Vertriebsmitarbeiter zu Markenbotschaftern zu machen, ist personenorientierte Führung die erste Wahl. Weniger wirkungsvoll ist sie dagegen, wenn die Mitarbeiterfluktuation reduziert werden soll. Denn ein aufgabenorientierter Führungsstil baut stärker unternehmensbezogenes Vertriebs-Know-how auf und sorgt so für eine höhere Bindung an das aktuelle Unternehmen als ein mitarbeiterorientierter Ansatz.

Insgesamt beinhalten die aktuellen Herausforderungen im Vertrieb große Erfolgspotenziale für die Vertriebsführung. Das Erschließen dieser Potenziale ist nicht leicht, auch weil viele davon nicht offensichtlich sind. Gleichwohl lohnen Investitionen, um diese „hidden potentials" systematisch zu erschließen und dadurch ein echter Vertriebs-Champion zu werden.

Literatur

Conger, J. A. (1999). Charismatic and transformational leadership in organizations: An insider's perspective on these developing streams of research. *Leadership Quarterly, 10*(2), 145–179.

Crosby, L. A., Evans, K. A., & Cowles, D. (1990). Relationship quality in services selling: An interpersonal influence perspective. *Journal of Marketing, 54*(3), 68–81.

DDI. (2011). Global leadership forecast, zit. aus: Doerfler, W.: Ernüchternde Ergebnisse. *Personalmagazin, 9,* 30–32.

Deci, E. L., Koestner, R., & Ryan, R. M. (1999). A meta- analytic review of experiments examining the effects of extrinsic rewards on intrinsic motivation. *Psychological Bulletin,125*(6), 627–668.

Deeter-Schmelz, D. R., Goebel, D. J., & Kennedy, K. N. (2008). What are the characteristics of an effective sales manager? An exploratory study comparing salesperson and sales manager perspectives. *Journal of Personal Selling & Sales Management, 28*(1), 7–20.

Diller, H., Haas, A., & Ivens, B. (2005). *Verkauf und Kundenmanagement. Eine prozessorientierte Konzeption.* Stuttgart: Kohlhammer.

Droege/Handelsblatt Business Monitor. (2010). Wachstumsinstrumente, zit. aus: Mühlberger, A.: Jetzt die Weichen neu stellen! *Sales Business, 1–2,* 10–13.

Egon Zehnder International. (2005). Executive Panel 2004/2005, zit. aus: Wolters, H., Kleinaltenkamp, M.: Wie gut sind die Vertriebschefs? *Absatzwirtschaft, 6,* 114–116.

Ernst, H., Hoyer, W. D., & Rübsaamen, C. (2010). Sales, marketing, and research-and-development cooperation across new product development stages: Implications for success. *Journal of Marketing,74*(5), 80–92.

Haas, A. (2011). Misserfolgsfaktor Vertriebsmythen – Kundenorientierung durch den Vertrieb. *Marketing Review St. Gallen,28*(1), 14–19.

Haas, A., & Köhler, R. (2011). Vertriebsorganisation. In C. Homburg & J. Wieseke (Hrsg.), *Handbuch Vertriebsmanagement* (S. 209–243). Wiesbaden: Gabler.

Haas, A., Krohmer, H., & Weispfenning, F. (2009). Sales leadership effectiveness: Meta-analysis and assessment of causal effects. In Proceedings of the 2009 AMA Winter Marketing Educators Conference „Excellence in Marketing Research – Striving for Impact", Tampa (FL), 20.–23.2.2009.

Hammerschmidt, M., & Staat, M. (2010). Effizienzbewertung von Vertriebsstrukturen. *Die Betriebswirtschaft, 70*(1), 43–61.

Johnston, M. W., & Marshall, G. W. (2009). *Churchill/Ford/Walker's sales force management* (9. Aufl.). New York: McGraw-Hill Higher Education.

A. Haas, N. Stübiger, *Erfolgreiche Vertriebsführung,* essentials,
DOI 10.1007/978-3-658-06286-6

Köhler, R. (1995). Führung im Marketingbereich. In A. Kieser (Hrsg.), *Handwörterbuch der Führung* (2. Aufl., S. 1467–1483). Stuttgart: Schäffer-Poeschel.

Markenverband, & Roland Berger. (2010). *Vertriebsstudie 2011*. München.

Meier-Maletz, M. (1998). Messung von Verkaufstrainings. In E.-N. Detroy (Hrsg.), *Das große Handbuch für den Verkaufsleiter* (S. 762–779). Landsberg am Lech: MI.

Miller Heiman. (2009). Growth strategies for sales leaders in complex selling environments. Executive summary of the 2009 Miller Heiman sales best practice study. www.millerheiman.com. Zugegriffen: 20. Feb. 2013.

Morhart, F., Herzog, W., & Tomczak, T. (2009). Brand-specific leadership: Turning employees into brand champions. *Journal of Marketing, 73*(5), 122–142.

Palmatier, R. W., Scheer, L. K., & Steenkamp, J.-B. E. M. (2007). Customer loyalty to whom? Managing the benefits and risks of salesperson-owned loyalty. *Journal of Marketing Research, 44*(2), 185–199.

Proudfoot. (2006). Proudfoot productivity report 2006. http://www.proudfootconsulting.com/Default.aspx?id=213202. Zugegriffen: 12. Dez. 2006.

Terho, H., Haas, A., Eggert, A., & Ulaga, W. (2012). ‚It's almost like taking the sales out of selling': Towards a conceptualization of value-based selling in business markets. *Industrial Marketing Management, 41*(1), 174–185.

Ulaga, W., & Reinartz, W. J. (2011). Hybrid offerings: How manufacturing firms combine goods and services successfully. *Journal of Marketing, 75*(November), 5–23.

Verbeke, W. J., Dietz, B., & Verwaal, E. (2011). Drivers of sales performance: A contemporary meta-analysis. Have salespeople become knowledge brokers? *Journal of the Academy of Marketing Science, 39*(3), 407–428.

Wieseke, J., Ahearne, M., Lam, S. K., & van Dick, R. (2009). The Role of leaders in internal marketing. *Journal of Marketing, 73*(2), 123–145.

Wieseke, J., Homburg, C., & Lee, N. (2008). Understanding the adoption of new brands through salespeople: A multilevel framework. *Journal of the Academy of Marketing Science, 36*(2), 278–291.

Yukl, G. (2006). *Leadership in organizations*. Upper Saddle River: Pearson Education LTD.